KB132052

★ 한자의 뜻과 소리를 써 보세요.

낱낱이 알려라! 알릴 보 報!

낱낱이 알려라!　예) 알릴 보

더해라! 더할 증 增!

끊어라! 끊을 절 切!

더해라!

끊어라!

단단히 묶어라! 묶을 박 縛!

거듭해서! 다시 재 再!

단단히 묶어라!

거듭해서!

2

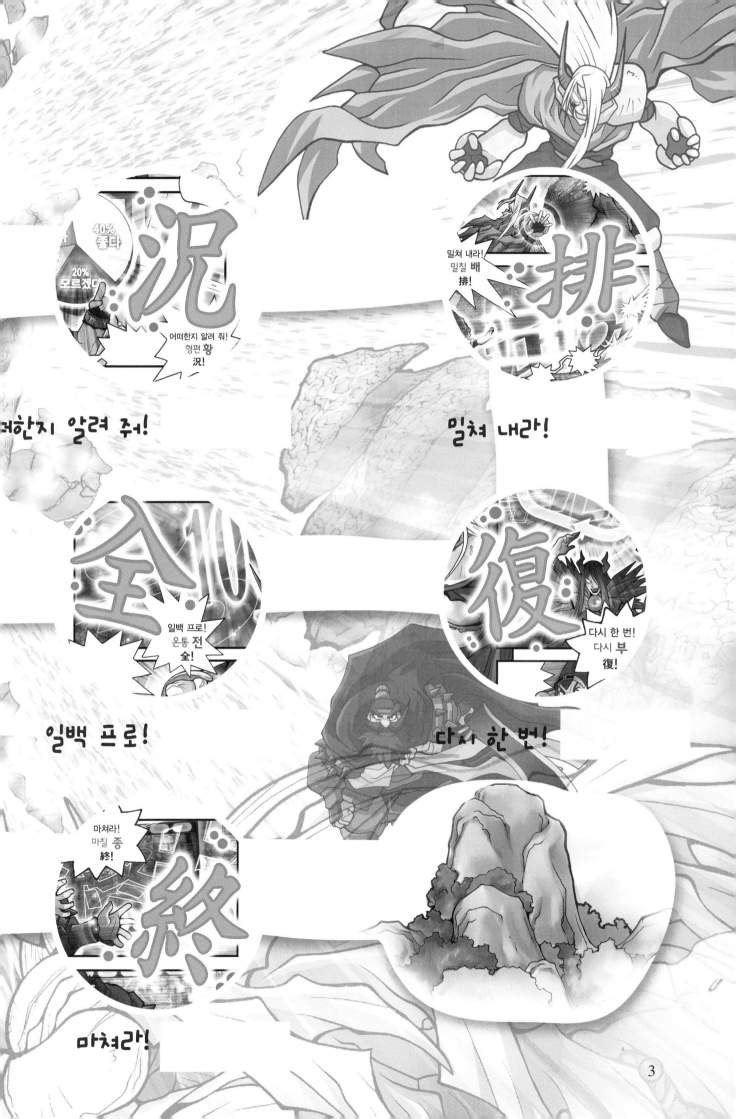

17권 엄마, 아빠와 함께 하는 한자 연습장

한자능력검정시험급수 4급

報

수갑의 모양을 본뜬 幸(섭)과 손으로 죄수를 잡고 있는 모습인 𠬝(복)이 합해져 '죄를 심판하다', '원수를 갚다' 라는 뜻을 나타내고, 판결의 결과를 알리는 것에서 '알리다'의 뜻이 나옴.

土(흙 토)부의 9획 총 12획

알릴, 갚을 **보**

필순 報 報 報 報 報 報 報 報 報 報 報 報

▶ 올바른 필순에 따라 써 보세요.

報	一	十	土	圡	吉	幸	幸	幸
알릴 보								

報	報	報	報					

▶ 報가 쓰인 낱말

보고(報告) - 어떤 일의 내용이나 결과를 말이나 글로 알림.

보복(報復) - 자기에게 해를 끼친 상대에게 앙갚음을 함.

• 다른 낱말 써 보기

▶ 報가 쓰인 낱말을 써 보세요.

報 告	報 告
보고	

報 復	報 復
보복	

▶ 報가 『마법천자문』의 어떤 장면에서 사용되었는지 기억해 보세요.

엄마, 아빠와 함께 하는
한자 연습장

한자능력검정시험급수 4급

況

水(수)와 음을 나타내는 兄(형)이 합해진 글자로, 樣(양)과 통하여 '모양, 상황'의 뜻을 나타냄.

水(물 수)부의 5획 총 8획

형편, 비유할 **황**   필순 況況況況況況況況

▶ 올바른 필순에 따라 써 보세요.

況	`	氵	氵	沪	沪	沪	況
형편 황							

▶ 況이 쓰인 낱말

상황(狀況) - 일이 되어가는 과정이나 모양.

근황(近況) - 최근의 상황이나 형편.

• 다른 낱말 써 보기

▶ 況이 쓰인 낱말을 써 보세요.

狀 況	狀 況	
상황		

近 況	近 況	
근황		

한자는 내게 맡겨!

40% 좋다
20% 모르겠다

어떠한지 알려 줘!
형편 **황**
況!

▶ 況이 『마법천자문』의 어떤 장면에서 사용되었는지 기억해 보세요.

17권 엄마, 아빠와 함께 하는
한자 연습장

한자능력검정시험급수 3급

排

手(수)와 '좌우로 나누다' 의 뜻을 가진 非(비)가 합해져서 '손으로 밀어 열다', '밀어 젖히다' 의 뜻을 나타냄.

手(손 수)부의 8획 총 11획

밀칠, 물리칠 배   필순 排 排 排 扌 扌 扌 扌 扌 排 排 排

▶ 올바른 필순에 따라 써 보세요.

排	一	十	才	扌	扌	扌	扌	扌
밀칠 배								
排	排	排						

▶ 排가 쓰인 낱말

배척(排斥) - 거부하여 물리침.

배수(排水) - 물을 다른 곳으로 내보냄.

• 다른 낱말 써 보기

▶ 排가 쓰인 낱말을 써 보세요.

排 斥	排 斥
배 척	
排 水	排 水
배 수	

한자는 내게 맡겨!

밀쳐 내라! 밀칠 배 排!

▶ 排가 『마법천자문』의 어떤 장면에서 사용되었는지 기억해 보세요.

17권 엄마, 아빠와 함께 하는 한자 연습장

한자능력검정시험급수 4급

復

'조금 걷다'의 뜻인 彳(척)과 复(복)이 합해져 '원래의 길을 되돌아가다'의 뜻을 나타내며 나중에 '다시'의 뜻도 갖게 되었음.

彳(두인변)부의 9획 총 12획

다시 **부**, 돌아갈 **복**   **필순** 復復復復復復復復復復復 復

▶ 올바른 필순에 따라 써 보세요.

復
다시 부

▶ 復가 쓰인 낱말

부활(復活) - 죽었다가 다시 살아남.

복구(復舊) - 부서진 것을 다시 원래의 상태로 고침.

• 다른 낱말 써 보기

▶ 復가 쓰인 낱말을 써 보세요.

復活
부활

復舊
복구

한자는 내게 맡겨!

다시 한 번! 다시 부 復!

▶ 復가 『마법천자문』의 어떤 장면에서 사용되었는지 기억해 보세요.

엄마, 아빠와 함께 하는
한자 연습장

17권

마법천자문

한자능력검정시험급수 7급

全

온통, 온전할 **전**

'입구'의 뜻인 入(입)과 옥(玉)의 모양을 본뜬 工(공)이 합해져 '순수한 옥'의 뜻을 나타내며, 이 말에서 '온전하다', '전체'의 뜻을 나타냄.

入(들 입)부의 4획 총 6획

필순 全 全 全 全 全 全

▶ 올바른 필순에 따라 써 보세요.

全
온통 전

| 丿 | 入 | 仌 | 仐 | 仝 | 全 |

▶ 全이 쓰인 낱말

전멸(全滅) - 모조리 죽거나 망하여 없어짐.

전국(全國) - 한 나라의 전체.

• 다른 낱말 써 보기

▶ 全이 쓰인 낱말을 써 보세요.

全 滅
전 멸

全 國
전 국

한자는 내게 맡겨!

일백 프로! 온통 전 全!

▶ 全이『마법천자문』의 어떤 장면에서 사용되었는지 기억해 보세요.

엄마, 아빠와 함께 하는
한자 연습장

한자능력검정시험급수 5급

切

'칼'을 뜻하는 刀(도)와 칼로 벤 흔적을 나타내는 七(칠)이 합해져 '물건을 베다'의 뜻을 나타냄.

刀(칼 도)부의 2획 총 4획

끊을 **절**　　필순 一 七 切 切

▶ 올바른 필순에 따라 써 보세요.

切　一　七　切　切

끊을 절

▶ 切이 쓰인 낱말

•다른 낱말 써 보기

　절단(切斷) – 자르거나 베어서 끊음.
　절개(切開) – 째거나 잘라서 벌림.
　　　　　　　혹은 치료를 위해 몸의 일부를 째어서 엶.

▶ 切이 쓰인 낱말을 써 보세요.

切 斷

절 단

切 開

절 개

한자는 내게 맡겨!

끊어라! 끊을 절 切!

▶ 切이 『마법천자문』의 어떤 장면에서 사용되었는지 기억해 보세요.

엄마, 아빠와 함께 하는 한자 연습장

17권

한자능력검정시험급수 4급

增

더할, 불을 **증**

土(토)와 '포개어 쌓다'의 뜻인 曾(증)이 합해져 '풍부하게 늘다'의 뜻을 나타냄.

土(흙 토)부의 12획 총 15획

필순 增增增增增增增增增增增增增增增

▶ 올바른 필순에 따라 써 보세요.

增
더할 증

▶ 增이 쓰인 낱말

증강(增強) - 힘이나 세력을 늘려 더 강하게 함.
증감(增減) - 수나 양이 늘거나 줄어듦.

• 다른 낱말 써 보기

▶ 增이 쓰인 낱말을 써 보세요.

增強
증강

增減
증감

한자는 내게 맡겨!

더해라! 더할증 增!

▶ 增이 『마법천자문』의 어떤 장면에서 사용되었는지 기억해 보세요.

17권 엄마, 아빠와 함께 하는
한자 연습장

한자능력검정시험급수 1급

縛

묶을 **박**

'실'을 뜻하는 糸(사)와 볏모를 손에 쥔 모양인 專(박)이 합해져 '벼의 못단을 손바닥으로 움켜쥐고 묶다'에서 '묶다'의 뜻을 나타냄.

糸(실 사)부의 10획 총 16획

필순 縛縛縛專縛縛縛紓紓縛縛縛縛縛縛縛

▶ 올바른 필순에 따라 써 보세요.

縛
묶을박

▶ 縛이 쓰인 낱말

결박(結縛) – 몸이나 손 등을 움직이지 못하도록 끈으로
단단히 묶음.
속박(束縛) – 자유롭지 못하게 강압적으로 얽어매거나 제한함.

• 다른 낱말 써 보기

▶ 縛이 쓰인 낱말을 써 보세요.

結 縛
결박

束 縛
속박

▶ 縛이 『마법천자문』의 어떤 장면에서 사용되었는지 기억해 보세요.

엄마, 아빠와 함께 하는
한자 연습장

한자능력검정시험급수 5급

再

다시, 두 번 **재**

물고기의 머리 부분과 꼬리 부분에 가로선을
그은 모습에서 '두 번'의 뜻을 나타냄.

冂(멀경몸)부의 4획 총 6획

필순 一 丆 丌 斤 冎 再 再

▶ 올바른 필순에 따라 써 보세요.

再 一 丆 丌 斤 冎 再 再

다시 재

▶ 再가 쓰인 낱말 • 다른 낱말 써 보기

재고(再考) – 어떤 일이나 문제에 대해 다시 생각함.

재건(再建) – 무너진 것을 다시 일으켜 세움.

▶ 再가 쓰인 낱말을 써 보세요.

再考

재 고

再建

재 건

▶ 再가 『마법천자문』의 어떤 장면에서 사용되었는지 기억해 보세요.

엄마, 아빠와 함께 하는
한자 연습장

한자능력검정시험급수 5급

終

실의 양끝을 맺은 모양을 본뜬 자로 '끝맺음', '끝'을 나타냄.

糸(실 사)부의 5획 총 11획

마칠, 끝 **종**   필순 ⺍ ⺍ ⺰ 幺 糸 糸 糸 紒 終 終 終

▶ 올바른 필순에 따라 써 보세요.

終
마칠 종

終 終 終

▶ 終이 쓰인 낱말

• 다른 낱말 써 보기

종결(終結) - 일을 끝냄.

종말(終末) - 계속된 일이나 현상의 맨 끝.

▶ 終이 쓰인 낱말을 써 보세요.

終結
종결

終末
종말

▶ 終이 『마법천자문』의 어떤 장면에서 사용되었는지 기억해 보세요.

만화 속 한자 찾기

★ 만화 속에 숨어 있는 한자를 찾아보세요.

알릴, 갚을 보 ★ 형편, 비유할 황 ★ 밀칠, 물리칠 배 ★
다시 부, 돌아갈 복 ★ 온통, 온전할 전 ★ 끊을 절 ★
더할, 불을 증 ★ 묶을 박 ★ 다시, 두 번 재 ★ 마칠, 끝 종

 중간평가

1. 관계있는 것끼리 이으세요.

- 음 -   - 한자 -   - 뜻 -

 전 •   •  報 •   •  묶을

 부 •   •  縛 •   •  다시

 박 •   •  復 •   •  온통

 보 •   • 全 •   • 알릴

2. 한자와 음이 바르게 짝지어진 것을 골라 'O'표 해 보세요.

❶ 再, 두   再, 재

❷ 況, 황   況, 형

3. 빈칸에 알맞은 한자, 뜻, 소리를 써 넣으세요.

排 밀칠 배 ◯ 밀칠 배

切 끊을 절 切 ◯ 절

增 더할 증 增 더할 ◯

終 마칠 종 終 ◯ 종

排 밀칠 ◯ 排 ◯ 배

◯ 끊을 절 切 끊을 ◯

增 ◯ 증 ◯ 더할 증

終 마칠 ◯ ◯ 마칠 종

손오공과 함께 하는 마법 한자 2

★ 한자의 뜻과 소리를 써 보세요.

엄선된 군사!
군사 군
軍!

엄선된 군사! 예) 군사 군

솟아라,
손가락이여!
손가락 지
指!

가루를
내어라!
가루 분
粉!

솟아라, 손가락이여!   가루를 내어라!

판을 벌여라!
널조각 판
板!

바뀌어라!
바뀔 화
화 化!

판을 벌여라!   바뀌어라!

샘솟듯 일어나라!
일어날 흥
興

취해라!
취할 취
取

샘솟듯 일어나라!

취해라!

던져라!
던질 투
投

조심해!
경계할 경
警

던져라!

조심해!

쭉쭉 커져라!
클 거
巨

쭉쭉 커져라!

한자능력검정시험급수 8급

軍

군사 군

'둘러싸다'의 뜻인 包(포)와 '전차'를 뜻하는 車(차)가 합해져 전차로 포위하는 모양에서 '군사'를 뜻함.

車(수레 차)부의 2획 총 9획

필순 軍軍軍冖冃帠冒冒軍

▶ 올바른 필순에 따라 써 보세요.

軍
군사 군

▶ 軍이 쓰인 낱말

군인(軍人) - 군대에 속하여 나라를 지키는 일을 하는 사람.

군복(軍服) - 군인들이 입는 제복.

• 다른 낱말 써 보기

▶ 軍이 쓰인 낱말을 써 보세요.

軍人
군인

軍服
군복

▶ 軍이 『마법천자문』의 어떤 장면에서 사용되었는지 기억해 보세요.

興

여러 사람의 손이 물건을 들어 올리는 모습에서 '물건을 들어 올리다' 라는 뜻이 되었고, 여기에서 '일으키다', '일어나다' 의 뜻이 나왔음.

臼(절구구변)부의 9획 총 16획

한자능력검정시험급수 4급

일어날, 일으킬 **흥**   필순 ` ′ ′ ′ ′ ′ 臼 臼 臼 臼 舁 舁 舁 興 興 興

▶ 올바른 필순에 따라 써 보세요.

興

일어날 흥

▶ 興이 쓰인 낱말

흥망(興亡) – 흥함과 망함.

흥미(興味) – 흥을 느끼는 재미. 흥취(興趣).

▶ 興이 쓰인 낱말을 써 보세요.

興亡

흥망

興味

흥미

• 다른 낱말 써 보기

한자는 내게 맡겨!

興

샘솟듯 일어나라!
일어날 흥
興!

▶ 興이 『마법천자문』의 어떤 장면에서 사용되었는지 기억해 보세요.

한자능력검정시험급수 4급	取	'손'을 뜻하는 又(우)와 耳(이)가 합해진 글자로, 옛날에 전쟁에서 이긴 자가 적의 귀를 베어 가졌던 데에서 '취하다', '붙잡다'의 뜻을 나타냄.
		又(또 우)부의 6획 총 8획
	취할, 가질 **취**	필순 取 取 取 取 取 取 取 取

▶ 올바른 필순에 따라 써 보세요.

取
취할 취

| 取 | 一 | 一 | 下 | 下 | 耳 | 耳 | 取 | 取 |

▶ 取가 쓰인 낱말

• 다른 낱말 써 보기

탈취(奪取) – 강제로 빼앗아 가짐.

취재(取材) – 신문의 기사나 작품의 재료를 구하여 얻음.

▶ 取가 쓰인 낱말을 써 보세요.

奪取
탈 취

取材
취 재

▶ 取가 『마법천자문』의 어떤 장면에서 사용되었는지 기억해 보세요.

警

경계할 경

한자능력검정시험급수 4급

'말'을 뜻하는 言(언)과 '경계하다', '조심하다'라는 뜻의 敬(경)이 합해져 '경계하여 말하다'의 뜻을 나타냄.

言(말씀 언)부의 13획 총 20획

필순

▶ 올바른 필순에 따라 써 보세요.

警

경계할 경

▶ 警이 쓰인 낱말

• 다른 낱말 써 보기

경고(警告) – 위험한 일에 대해 조심하거나 삼가도록 미리 알림.

경계(警戒) – 잘못된 일이 일어나지 않도록 타일러 주의시킴.

▶ 警이 쓰인 낱말을 써 보세요.

警告
경고

警戒
경계

한자는 내게 맡겨!

조심해! 경계할 경 警!

▶ 警이 『마법천자문』의 어떤 장면에서 사용되었는지 기억해 보세요.

17권

엄마, 아빠와 함께 하는 한자 연습장

한자능력검정시험급수 4급

投

手(수)와 몽둥이를 나타내는 殳(수)가 합해져 '무기를 던지다' 라는 의미에서 '던지다' 의 뜻을 나타냄.

手(손 수)부의 4획 총 7획

던질 **투**   필순 ー 十 扌 扌 扚 扝 投

▶ 올바른 필순에 따라 써 보세요.

投

던질 투

▶ 投가 쓰인 낱말   • 다른 낱말 써 보기

투수(投手) – 야구에서, 내야의 중앙에서 타자에게 공을 던지는 선수.
투표(投票) – 선거를 하거나 어떤 의견에 대해 결정할 때 쪽지에
          적어 내는 일.

▶ 投가 쓰인 낱말을 써 보세요.

投 手

투수

投 票

투표

한자는 내게 맡겨!

던져라!
던질 **투**
投!

▶ 投가 『마법천자문』의 어떤 장면에서 사용되었는지 기억해 보세요.

한자능력검정시험급수 4급

粉
가루 분

쌀을 의미하는 米(미)와 '가르다'의 뜻인 分(분)이 합해진 글자로, 쌀을 빻아 가른 것에서 '가루'의 뜻을 나타냄.

米(쌀 미)부의 4획 총 10획

필순 ` ` ` ` ` ` ` ` ` ` ` ` ` ` ` 粉粉

▶ 올바른 필순에 따라 써 보세요.

粉
가루 분

粉 粉

▶ 粉이 쓰인 낱말

분말(粉末) - 가루.
분유(粉乳) - 우유에 수분을 없애고 가루로 만든 것.

• 다른 낱말 써 보기

▶ 粉이 쓰인 낱말을 써 보세요.

粉末
분말

粉乳
분유

한자는 내게 맡겨!

가루를 내어라! 가루 분 粉!

▶ 粉이 『마법천자문』의 어떤 장면에서 사용되었는지 기억해 보세요.

25

한자능력검정시험급수 4급

指

'손'을 뜻하는 手(수)와 음을 나타내는 旨
(지)가 합해져 '손가락', '가리키다'의 뜻을
나타냄.

手(손 수)부의 6획 총 9획

손가락, 가리킬 **지**

필순 一 亻 扌 扌 扩 扩 指 指 指

▶올바른 필순에 따라 써 보세요.

指

손가락 지

指

▶指가 쓰인 낱말

• 다른 낱말 써 보기

지시(指示) – 가리켜 보임. 또는 무엇을 하라고 시킴.
지휘(指揮) – 목적을 이루기 위해 단체의 행동을 통솔함.
또는 악단의 연주를 이끄는 일.

▶指가 쓰인 낱말을 써 보세요.

指 示

지 시

指 揮

지 휘

한자는
내게 맡겨!

솟아라,
손가락이여!
손가락 **지**
指!

▶指가 『마법천자문』의 어떤 장면에서 사용되었는지 기억해 보세요.

板	'나무'를 뜻하는 木(목)과 음을 나타내는 反(반)이 합해져 '넓적한 나무'의 뜻을 나타냄.

한자능력검정시험급수 5급

木(나무 목)부의 4획 총 8획

널조각 **판**

필순 板 板 板 板 板 板 板 板

▶ 올바른 필순에 따라 써 보세요.

板
널조각 판

一 十 才 木 朾 朾 板 板

▶ 板이 쓰인 낱말

　목판(木板) – 나무에 글자나 그림 등을 새겨 놓은 인쇄용 판.
　게시판(揭示板) – 여러 사람에게 알릴 내용을 내걸어 두루 보게
　　　　　　　　　 붙이는 판.

• 다른 낱말 써 보기

▶ 板이 쓰인 낱말을 써 보세요.

木板
목판

揭示板
게시판

▶ 板이 『**마법천자문**』의 어떤 장면에서 사용되었는지 기억해 보세요.

한자능력검정시험급수 5급

化

좌우의 사람(人)이 점대칭이 되도록 놓아, 두 사람의 모습이 바뀐 데에서 '바뀌다', '되다'의 뜻을 나타냄.

匕(비수 비)부의 2획 총 4획

바뀔, 될 화   필순 ノ イ 仁 化

▶ 올바른 필순에 따라 써 보세요.

化
바뀔 화

ノ イ 仁 化

▶ 化가 쓰인 낱말

• 다른 낱말 써 보기

강화(強化) – 세력이나 힘을 더 강하게 함.
            또는 수준이나 정도를 더 높임.
화학(化學) – 물질의 구조, 성질이나 변화의 법칙을 연구하는 학문.

▶ 化가 쓰인 낱말을 써 보세요.

強化
강화

化學
화학

한자는 내게 맡겨!

바뀌어라!
바뀔 화
化!

▶ 化가 『마법천자문』의 어떤 장면에서 사용되었는지 기억해 보세요.

17권

엄마, 아빠와 함께 하는
한자 연습장

한자능력검정시험급수 4급

巨

클 거

손으로 자를 잡고 있는 모습을 본뜬 글자로 '크다' 라는 뜻을 나타냄.

工(장인 공)부의 2획 총 5획

필순 巨 巨 巨 巨 巨

▶ 올바른 필순에 따라 써 보세요.

巨
클 거

一 厂 F F 巨

▶ 巨가 쓰인 낱말

거대(巨大) – 엄청나게 큼.

거장(巨匠) – 예술 등의 일정 분야에서 특히 뛰어난 사람.

• 다른 낱말 써 보기

▶ 巨가 쓰인 낱말을 써 보세요.

巨大 巨大
거대

巨匠 巨匠
거장

한자는 내게 맡겨!

쭉쭉 커져라! 클 거 巨!

▶ 巨가 『마법천자문』의 어떤 장면에서 사용되었는지 기억해 보세요.

★ 만화 속에 숨어 있는 한자를 찾아보세요.

엄선된 군사! 군사 **군** 軍!

샘솟듯 일어나라! 일어날 **흥** 興!

조심해! 경계할 **경** 警!

취해라! 취할 **취** 取!

던져라! 던질 **투** 投!

중간평가 2

1. 관계있는 것끼리 이으세요.

- 뜻 -	- 한자 -	- 음 -

 취 •

 경 •

 판 •

 흥 •

 • 警 •

 • 取 •

 • 興 •

 • 板 •

 • 취할

 • 일어날

 • 경계할

 • 널조각

2. 한자와 음이 바르게 짝지어진 것을 골라 'O'표 해 보세요.

❶ 軍, 군   軍, 차

❷ 指, 지   指, 투

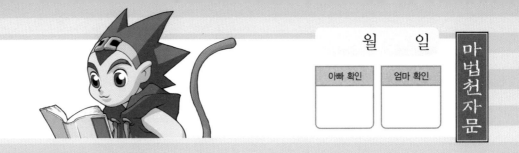

3. 빈칸에 알맞은 한자, 뜻, 소리를 써 넣으세요.

投	던질	투	投		투
粉	가루	분		가루	분
化	바뀔	화	化	바뀔	
巨	클	거	巨		거
	던질	투	投	던질	
粉	가루		粉		분
化		화		바뀔	화
巨	클			클	거

1. 다음 한자의 훈과 음을 쓰세요.

(1) 報 (   )

(2) 況 (   )

(3) 排 (   )

(4) 復 (   )

(5) 全 (   )

(6) 切 (   )

(7) 增 (   )

(8) 縛 (   )

(9) 再 (   )

(10) 終 (   )

(11) 軍 (   )

(12) 興 (   )

(13) 取 (   )

(14) 警 (   )

(15) 投 (   )

(16) 粉 (   )

(17) 指 (   )

(18) 板 (   )

(19) 化 (   )

(20) 巨 (   )

2. 다음 한자로 된 낱말의 음을 한글로 쓰세요.

(1) 報告 (   )

(2) 狀況 (   )

(3) 排水 (   )

(4) 復舊 (   )

(5) 全滅 (   )

(6) 切開 (   )

(7) 增減 (   )

(8) 束縛 (   )

(9) 再考 (   )

(10) 終結 (   )

(11) 軍服 (   )

(12) 興味 (   )

(13) 取材 (   )

(14) 警告 (   )

(15) 投手 (   )

(16) 粉乳 (   )

(17) 指示 (   )

(18) 木板 (   )

(19) 化學 (   )

(20) 巨大 (   )

3. 다음 밑줄 친 글자를 한자로 쓰세요.

(1) 일기 예보에서 내일은 <u>전</u>국에 비가 온다고 했다. (   )

(2) 삼촌은 씩씩한 <u>군</u>인이시다. (   )

(3) 할머니께서 동생이 먹을 <u>분</u>유를 잔뜩 사 오셨다. (   )

(4) 우리 형은 <u>화</u>학을 제일 좋아한다. (   )

(5) 난 세계적인 <u>거</u>장으로 인정받는 영화 감독이 되고 싶다. (   )

4. 다음 한자어의 뜻을 쓰세요.

(1) 復活 : _____

(2) 興亡 : _____

5. 빈칸에 들어갈 한자를 찾아보세요.

揭示(   ) : 여러 사람에게 알릴 내용을 내걸어 두루 보게 붙이는 판

① 板   ② 指   ③ 化   ④ 巨

답안지

1. 관계있는 것끼리 이으세요.

- 뜻 - - 한자 - - 음 -

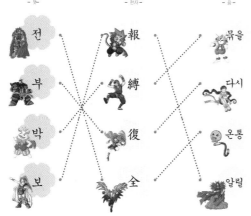

전　　報　　묶을
부　　縛　　다시
박　　復　　온통
보　　全　　알릴

2. 한자와 음이 바르게 짝지어진 것을 골라 'O'표 해 보세요.

❶ 再, 두　**再, 재** ⭕　❷ **況, 황** ⭕　況, 형

3. 빈칸에 알맞은 한자, 뜻, 소리를 써 넣으세요.

排	밀칠	배	排	밀칠	배
切	끊을	절	切	끊을	절
增	더할	증	增	더할	증
終	마칠	종	終	마칠	종
排	밀칠	배	排	밀칠	배
切	끊을	절	切	끊을	절
增	더할	증	增	더할	증
終	마칠	종	終	마칠	종

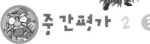
1. 관계있는 것끼리 이으세요.

- 뜻 - - 한자 - - 음 -

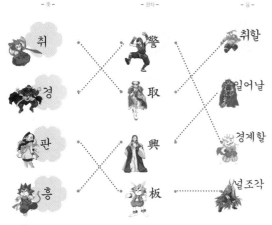

취　　警　　취할
경　　取　　일어날
판　　興　　경계할
흥　　板　　널조각

2. 한자와 음이 바르게 짝지어진 것을 골라 'O'표 해 보세요.

❶ **軍, 군** ⭕　軍, 차　❷ **指, 지** ⭕　指, 투

3. 빈칸에 알맞은 한자, 뜻, 소리를 써 넣으세요.

投	던질	투	投	던질	투
粉	가루	분	粉	가루	분
化	바뀔	화	化	바뀔	화
巨	클	거	巨	클	거
投	던질	투	投	던질	투
粉	가루	분	粉	가루	분
化	바뀔	화	化	바뀔	화
巨	클	거	巨	클	거

최종 형성평가 34, 35쪽

1. (1) 알릴, 갚을 보 (2) 형편, 비유할 황 (3) 밀칠, 물리칠 배 (4) 다시 부, 돌아갈 복 (5) 온통, 온전할 전 (6) 끊을 절 (7) 더할, 불을 증 (8) 묶을 박 (9) 다시, 두 번 재 (10) 마칠, 끝 종 (11) 군사 군 (12) 일어날, 일으킬 흥 (13) 취할, 가질 취 (14) 경계할 경 (15) 던질 투 (16) 가루 분 (17) 손가락, 가리킬 지 (18) 널조각 판 (19) 바뀔, 될 화 (20) 클 거

2. (1) 보고 (2) 상황 (3) 배수 (4) 복구 (5) 전면 (6) 절개 (7) 증감 (8) 속박 (9) 재고 (10) 종결 (11) 군복 (12) 흥미 (13) 취재 (14) 경고 (15) 투수 (16) 분유 (17) 지시 (18) 목판 (19) 화학 (20) 거대

3. (1) 全 (2) 軍 (3) 粉 (4) 化 (5) 巨

4. (1) 죽었다가 다시 살아남.
　　(2) 흥함과 망함.

5. ① 板(판)